LE CONGRÈS

OU ESSAI SUR

L'INFLUENCE FRANÇAISE

DEPUIS

Le milieu du XVIIe jusqu'au milieu du XIXe siècle

PAR

LE Vte DE LECUYER LA PAPOTIÈRE

Se battre en Europe,
C'est faire la guerre civile.

PARIS
E. DENTU, LIBRAIRE-ÉDITEUR
GALERIE D'ORLÉANS, 17 ET 19, PALAIS-ROYAL

1864

Paris. — Imp. de L. TINTERLIN et Cᵉ, rue Neuve-des-Bons-Enfants, 3.

LE CONGRÈS

OU

ESSAI SUR L'INFLUENCE FRANÇAISE

Depuis le commencement du XVIIe jusqu'au milieu du XIXe siècle.

LES ROIS ET LES PEUPLES

« La France a une grande gloire et de grands périls devant elle, elle guide les nations, mais elle tente la route, et elle peut trouver l'abîme où elle cherche la voie sociale ; d'une part, toutes les haines du passé qui résistent en Europe sont ameutées contre elle. En religion, en philosophie, en politique, tout ce qui a horreur de la raison a horreur de la France ; tous les vœux secrets des hommes rétrogrades ou cramponnés au passé sont pour la ruine. Elle est, pour eux, le symbole de leur décadence, la preuve vivante de leur impuissance et le mensonge de leurs prophéties. Si elle prospère, elle dément leurs doctrines, si elle succombe, elle les vérifie. Toutes les tentatives d'amélioration des institutions humaines succombent avec elle, un grand applaudissement s'élève, le monde reste en possession de la tyrannie ou du préjugé (1). »

Voilà ce qu'écrivait en 1832, un homme célèbre, qui devait, plus tard, avoir une page brillante dans l'histoire

(1) LAMARTINE. *Résumé politique du Voyage en Orient.*

de la France. Il est impossible de mieux tracer la mission de la glorieuse nation qui doit à son unité de marcher sans cesse à la tête de tous les autres peuples.

Trente ans après que ces paroles ont été écrites, un souverain dont le nom est l'expression de la pensée populaire, non-seulement en France, non-seulement en Europe, mais encore dans le monde entier, un souverain marchait résolument dans la voie si noblement tracée.

Après avoir jeté son épée dans la balance, non pour crier *vœ victis!* mais pour seconder les aspirations légitimes des peuples, après avoir compris que la France ne se fatiguera jamais de jeter des martyrs dans l'arène (1), il avait foi dans la cause des nationalités, et la portait devant le tribunal des souverains de l'Europe, espérant résoudre définitivement par la paix, ce que la guerre ne peut que trancher d'une manière précaire et instable, en avivant sans cesse les plaies au lieu de les cicatriser.

Peut-être cet aréopage comprendra-t-il la grandeur de sa mission, et s'inspirera-t-il de cette pensée si véritablement *juste* dans l'acception la plus élevée du mot. Peut-être, au contraire, sans égoïsme, sans personnalités, peut-être sera-t-il éloigné de cette auguste et divine manifestation par ceux-là mêmes qui ont tout à gagner dans la solution de ce problème si digne d'intérêt (2).

(1) LAMARTINE. *Résumé politique du Voyage en Orient.*

(2) Le czar Alexandre disait, au Congrès de Vérone, à Chateaubriand : « Il ne peut plus y avoir de politique anglaise, française, russe, prussienne, autrichienne ; il n'y a plus qu'une politique générale qui doit pour le salut de tous être admise en commun par les peuples et les rois. C'est à moi de me montrer le premier convaincu des principes sur lesquels j'ai fondé la Sainte-Alliance. Une occasion s'est présentée : le soulèvement de la Grèce. Rien, sans doute, ne paraissait être plus dans mes intérêts, dans ceux de mes peuples, dans l'opinion de mon pays qu'une guerre religieuse contre la Turquie; mais j'ai cru remarquer dans les troubles du Péloponèse le signe révolutionnaire; dès lors, je me suis abstenu. » (LAVALLÉE. *Hist. de Turquie*, tom. II.)

La France est un foyer qui éclaire le monde, mais ce qui produit cette vive lumière est un immense incendie, qui consume et anéantit encore plus vite que l'égoïsme les magnifiques et vivifiants trésors qu'elle cherche si généreusement à répandre sur les autres peuples. Laissons encore parler le poëte homme d'État, et nous verrons les forces nutritives et destructives à la fois de notre beau pays. « L'égalité de droit a produit l'égalité de prétentions et d'ambitions dans toutes les classes... l'instabilité dans toutes les fonctions publiques, et une foule de forces rebutées et envenimées refluant sur la société et toujours prêtes à se venger d'elle.

« La liberté de discussion et d'examen constituée dans la presse affranchie, a produit un esprit de contestation et de dispute sans bonne foi qui égare et émeute l'ignorance ; qui déconsidère la première nécessité des peuples, le pouvoir quel qu'il soit, et qui donne des armes à toutes les mauvaises passions du temps et du pays (1). »

C'est cet esprit de mauvaise foi qui a introduit encore de la méfiance dans les rapports des souverains et des peuples. A défaut de sentiments généreux, l'intérêt bien entendu des souverains était dans la satisfaction donnée aux besoins des populations. Si plusieurs ne l'ont pas senti, plusieurs aussi l'ont compris, et n'ont été rebutés que par l'injustice et la mauvaise foi. On en pourrait trouver dans ces derniers temps de tristes et mémorables exemples.

« La révolution de 1789 a mis au grand jour cette fameuse querelle : — savoir si les peuples appartiennent aux rois ou si les rois appartiennent aux peuples (2). »

Les traités de 1815, qui ont résolu la question en fa-

(1) LAMARTINE. *Résumé politique du Voyage en Orient.*

(2) RABAUT SAINT-ÉTIENNE. *Réflexions sur la Révolution française.*

veur des rois et au détriment des peuples, il n'appartenait qu'aux puissances absolues de les invoquer constamment; il n'appartenait non plus qu'aux démagogues insensés de les combattre en bouleversant l'Europe. Un souverain populaire pouvait seul réaliser l'accord des deux principes : sa voix, alors modérée et conciliatrice, devait être entendue des monarques et trouver un écho dans le cœur des peuples. La république inspirait trop d'effroi encore pour que cette pensée de l'union des peuples pût être émise dans une assemblée française autrement que comme un vœu stérile.

« Les traités de 1815 n'existent plus. La carte de l'Europe, telle que ces traités l'avaient faite, est aujourd'hui une lettre morte. C'est à la souveraineté européenne de prononcer.

« Nous, nous devons être les premiers soldats de cette souveraineté. Un moment viendra, et ce moment n'est pas éloigné, où s'assemblera un congrès formé des représentants des peuples, pour régler d'une manière permanente et sûre les rapports des nations entre elles.

« La France y arrivera forte de sa modération, forte de l'alliance et de la sympathie des peuples de l'Ancien et du Nouveau-Monde. Là, notre voix sera entendue, notre voix sera prépondérante, et l'ambition française, cette noble ambition qui aspire à faire le bonheur des nations, non pas malgré elles, mais par elles-mêmes, sera pleinement satisfaite (1). »

« Le désavantage des peuples consiste dans leur ignorance, dans leur dispersion, dans la diversité des langues, dans celle des usages, des lois et des mœurs, dans la stu-

(1) *Assemblée constituante.* Discours de Bastide, ministre des affaires étrangères.

pidité des haines nationales. Les rois ont des armées, tout l'or des peuples et l'habitude de l'autorité. Ils parlent tous la même langue ; ils ont des ambassadeurs, des espions, des correspondances et des traités, la promptitude de la volonté, de l'accord et de l'exécution, et personne n'ignore qu'ils sont cousins (1). »

Les grandes puissances essaieront d'absorber les petites « mais les pas mêmes qu'elles feront vers des conquêtes combinées marqueront l'époque de la liberté en Europe (2). »

L'accueil fait par les petites puissances à la proposition d'un congrès, la réserve des grandes, l'égoïsme mis à nu de la nation rivale de la France, prouvent combien sont justes les réflexions précédentes et quel retentissement doit avoir en Europe le remaniement des traités de 1815.

Enfin, « tout nous annonce un temps où finiront les folies nationales appelées guerres (3) », et l'on doit seconder de tous ses vœux l'entreprise d'un souverain qui veut réaliser cette prophétie, et qui le veut au nom du peuple le plus éclairé, le plus fort et le plus puissant de l'univers.

I

HENRI IV ET LA RÉPUBLIQUE EUROPÉENNE

Les maisons souveraines d'Autriche et d'Espagne avaient, sous Charles-Quint, atteint le plus haut degré

(1) RABAUT SAINT-ÉTIENNE. *Réflexions sur la Révolution française.*
(2) Id. Id.
(3) Id. Id.

de splendeur. Réunies sur une seule tête, les deux couronnes avaient brillé du plus vif éclat. Cependant on pouvait pressentir que cette puissance si colossale, si menaçante pour la France, renfermait en elle-même les principes de sa dissolution et de son épuisement. — La réforme en Allemagne avait à jamais divisé ce pays, et devait l'empêcher, pour longtemps au moins, d'atteindre son unité. En Espagne et en Italie, un pouvoir de fer pesait lourdement sur le peuple, et dans l'une, le désir incessamment stimulé de s'enrichir par la voie aventureuse des conquêtes et la recherche de l'or du Nouveau-Monde, dans l'autre, le désir incessamment renouvelé de secouer un joug détesté, laissaient pressentir un apauvrissement des sources de richesse intérieure et une dissolution prochaine. Dans les Pays-Bas enfin, la terreur seule maintenait un pouvoir chancelant. On le voit donc, si tous les efforts de la monarchie française devaient tendre, sous Henri IV, à abaisser la maison d'Autriche, si fatale à la France dans le siècle précédent, cette tâche était bien facilitée par les progrès de cette décadence sous les règnes de Philippe II, en Espagne, et de Ferdinand, en Allemagne. Jusqu'au règne de Henri IV, tandis que la maison d'Autriche s'occupait avec tant de soin à étendre ses domaines, la France faisait peu d'acquisitions de territoire; mais ses progrès, pour être moins rapides, n'en étaient pas moins sûrs. — La conquête de Calais sur les Anglais, l'acquisition de Metz, en assurant ses frontières, en font le royaume le plus merveilleusement situé pour l'attaque comme pour la défense. Ces deux derniers triomphes achèvent, pour ainsi dire, l'édifice français, et permettent à Henri IV, devenu paisible possesseur du trône, de tourner ses regards vers la situation de l'Europe. Il était digne de ce prince de concevoir le premier projet qui tendît à créer entre les nations d'autres rapports que ceux d'agression plus ou moins juste, de spoliation plus ou moins barbare, de défense plus ou moins facile. Cependant ce projet, tout élevé qu'il était, se trouvait mêlé à trop d'ambitions personnelles, à trop de raisons d'État pour qu'il fût exécuté. En dépouillant ce magnifique dessein de tout ce qu'il avait de fantastique et d'utopique, il restait le projet bien réel d'abaisser la maison d'Autriche, en s'appuyant sur l'alliance de l'Angleterre, et celui plus réel et plus transparent encore de donner à la France les limites du Rhin.

Conjoindre entièrement et inséparablement la France avec les Provinces-Unies, est le seul moyen de remettre la France en son ancienne splendeur et de la rendre supérieure à toute la chrétienté (1). »

Nous avons placé cette idée de Henri IV avant toutes celles qui se sont succédé dans les siècles suivants, parce qu'elle est comme la source de toutes les autres. Fonder un équilibre européen, une espèce d'égalité entre les différents États composant la république européenne, de manière à rendre toute domination universelle impossible, sans distinction de principes ni de croyance, tel est le but auquel Henri IV voulait arriver, et ce but n'était autre que la dissolution de la maison d'Autriche et de l'empire espagnol.

D'après ses plans, la chrétienté eût formé un seul corps, ou une république fédérative qui eût réuni trois communions chrétiennes, la catholique, la luthérienne et la calviniste, et trois formes de constitution politique, la monarchie héréditaire, la monarchie élective et la république, soit fédérative, soit aristocratique. Elle se serait composée de

(1) *Mémoires de Sully.*

quinze grands États, l'État pontifical, l'Empire, les royaumes de France, d'Espagne, de la Grande-Bretagne, de Hongrie et de Bohême, de Pologne, de Danemark et de Suède. On aurait donné au Pape le royaume de Naples, à Venise la Sicile, au duc de Savoie la Lombardie. Tous les autres petits princes italiens auraient composé la république fédérative d'Italie, les provinces belge et hollandaise auraient formé la république fédérative des Pays-Bas. On aurait joint à celle des Suisses, l'Alsace, la Franche-Comté et le Tyrol. Enfin la république chrétienne aurait eu une diète représentative qui aurait réglé les différends entre tous ses membres.

Au lieu de l'unité basée sur la foi catholique qui avait été le rêve des Grégoire, des Innocent sur le Saint-Siége, qui avait été la chimère caressée par Charles-Quint et par son fils Philippe II, c'eût été un équilibre sage, plus conforme au caractère d'un prince pacifique qu'aux vues ambitieuses des conquérants.

Ce projet témoigne dans « Henri IV une si vaste intelligence, un sentiment si exquis des destinées de la France, une ambition si noble et si dévouée, que cette conception magnifique est restée son plus beau titre de gloire (1). »

Malheureusement cette pondération et cet équilibre ne pouvaient être atteints qu'au prix de sanglantes guerres. L'abaissement de la maison d'Autriche devait remuer bien des passions, exciter bien des ambitions avant de se réaliser, et l'Europe n'étant point assise, les peuples du Nord n'ayant point encore mêlé leur voix à celles des nations de la vieille Europe, de l'Europe germaine et latine, les résultats n'auraient pu être durables.

Maintenant, au contraire, l'Europe est constituée et il y

(1) Lavallée, *Hist. des Français*, tom. III.

a plus qu'une sublime utopie dans la pensée d'une diète européenne, d'un aréopage suprême de souverains. Il y a un plan réalisable, un plan dont l'idée sera le plus beau titre de gloire de Napoléon III comme le projet de république chrétienne fut le plus beau titre de gloire de Henri IV. L'affaire de la succession des duchés de Clèves et de Juliers faillit être l'étincelle destinée à incendier l'Europe ; mais le poignard de Ravaillac devait encore une fois la replonger dans la barbarie, dans les projets personnels et exclusivement ambitieux, devait enfin mettre en défiance les souverains qui auraient été tentés de favoriser la cause et les intérêts des nationalités.

II

RICHELIEU ET LES TRAITÉS DE WESTPHALIE.

Les œuvres de Henri IV étaient restées au-dessous de ses intentions, et s'il a tracé la voie pour arriver à l'abaissement de la maison d'Autriche, il ne faut pas oublier que c'est à Richelieu que l'on doit l'exécution, à Richelieu, à sa diplomatie si admirablement intelligente et ferme dans la ligne à suivre. Richelieu voulut avec moins de tolérance que Henri IV, à l'intérieur l'anéantissement du parti protestant qui formait un « État dans l'État » et à l'extérieur, au contraire, l'abaissement du parti catholique que représentait toujours en Europe la maison d'Autriche.

Lorsque la guerre de Trente-Ans eut suffisamment ébranlé les forces de l'Espagne et de l'Autriche, Richelieu intervint alors, poursuivant son plan avec cette infatigable patience que rien ne rebute.

Au moment où l'appui de l'Angleterre lui manque pour diriger ses premiers coups, à cause de sa révolution, les protestants de l'intérieur dont les espérances sont animées par la politique du cardinal à l'extérieur, relèvent la tête. Il les abat au siége de La Rochelle, se défait, par le moyen expéditif des supplices, de la noblesse insoumise du royaume, et libre enfin de tourner ses regards vers l'Allemagne, y pénètre avec des armées bien commandées et une diplomatie plus habile que toutes celles de l'Europe. A l'aide du capucin Joseph, son émissaire et son confident, il traite avec la Suède et la ligue protestante de l'Allemagne. Il déclare la guerre à l'Espagne, et s'entend avec la Hollande et la Savoie au sujet des Pays-Bas et du Milanais.

Cependant, l'œuvre de Richelieu, Richelieu ne devait point la voir et Mazarin, son élève, devait recueillir les fruits de la sage et prudente politique du cardinal. L'armée française termina par les splendides victoires de Rocroy, de Fribourg et de Nordlingen la guerre commencée par la diplomatie. Deux traités furent conclus entre les puissances européennes. Ce sont les traités connus sous le nom de traités de Westphalie.

Ces traités furent écrits sous l'inspiration de la France et réglèrent le droit constitutif de l'Allemagne d'une manière si prudente et si sage, que, longtemps après, ils formaient le *Code des nations* en tout ce qui concerne ces pays.

Tous les princes de l'Europe, même ceux qui n'avaient pris qu'une part très-indirecte aux délibérations du Congrès, même ceux qui passaient à peine pour chrétiens, comme le grand-duc de Moscovie, furent compris nominativement dans cette paix.

Cependant, dans ces conférences, progrès réel sur les traités particuliers conclus sous les princes précédents, émanées de l'auguste pensée de Henri IV, il y avait encore trop de « raisons d'État », trop d'ambitions particulières, pour que les vœux et les intérêts des peuples fussent exclusivement écoutés.

La Confédération hélvétique fut formellement soustraite à la juridiction de l'Empire. On la déclara neutre à perpétuité pour qu'elle servît de barrière entre la France et l'Autriche, qui auraient pu se disputer ce plateau originaire des grandes vallées de l'Europe.

Les Provinces-Unies furent déclarées séparées de l'Empire.

En même temps les dispositions relatives à la constitution de l'Empire furent arrêtées.

Tout était écrit sous l'inspiration de la France, dans le but de limiter la maison d'Autriche, mais non point en vue de protéger les nationalités, et de favoriser les réunions des peuples sous une même protection et dans un commun intérêt.

Qui ne sait diviser, ne sait régner, fut la devise constamment mise en pratique par Mazarin, et ce fut sa diplomatie qui régla les conditions des traités de Westphalie. L'Angleterre absorbée dans sa révolution assista à cette formation d'une Europe française. C'est elle désormais qui va attirer notre attention dans les Congrès européens, où elle se substituera, peu à peu, à l'influence française.

III

LOUIS XIV ET LES TRAITÉS D'UTRECHT.

A Louis XIII succède Louis XIV. La France est grande et forte, ses frontières sont inattaquables. La diplomatie française a achevé l'œuvre des traités de Westphalie par la paix des Pyrénées, qui détruit la puissance espagnole comme la maison d'Autriche a été abattue. Mais l'ambition de Mazarin va plus loin : il veut non plus seulement abaisser la maison d'Autriche, mais la déposséder de la couronne d'Espagne, afin de la faire passer dans la dynastie de France. Louis XIV sait se pénétrer de cette idée de Mazarin, et l'ambition personnelle du jeune roi, époux d'une infante d'Espagne, va faire dévier la France de la voie où l'a engagée le système de Richelieu. Le triomphe de la diplomatie française au début du grand règne est marqué par ce mot d'un ambassadeur anglais :

« La France, dit-il, a le don de persuader, ce qui lui plaît dans toutes les cours de la chrétienté. » Après une première guerre heureuse entreprise sous l'influence de cette politique habile, Louis XIV entreprit contre la Hollande une guerre injuste, dont les préparatifs renversèrent, au au point de vue diplomatique, tout l'échafaudage si péniblement bâti par Richelieu et Mazarin. La division si habilement établie entre la maison catholique d'Autriche et les protestants d'Allemagne, la séparation entre l'Empire et les Provinces-Unies, prix des traités de Westphalie, tout cela fut compromis par la coalition que cette guerre excita contre la France, mais bien plus encore par la révocation de l'édit de Nantes qui établissait un lien entre les protestants de l'Allemagne et les alliés de la France, et qui était le gage de la pacification, à l'intérieur du royaume. S'il y eut des occasions magnifiques pour notre armée et notre marine de signaler la puissance et la grandeur de la France, il n'entre point du tout dans notre projet de les raconter ; nous voulons seulement montrer que l'influence française s'est sensiblement perdue durant le règne de Louis XIV, dans les Congrès européens, et arriver à une appréciation des traités d'Utrecht, en examinant brièvement les politiques de Henri IV et de Richelieu.

Après la guerre de Hollande, le congrès de Nimègue fut cependant encore un triomphe, car les négociateurs, le maréchal d'Estrade, les comtes de Croissy et d'Avaux, étaient élèves de Mazarin.

« La France sortait victorieuse d'une guerre injuste. Seule contre tous, elle avait vaincu l'Europe, et sa prépondérance était décisive. Dominatrice de l'Europe par les armes, la langue, la civilisation, elle semblait remplacer les anciens maîtres du monde (1). »

La révocation de l'édit de Nantes isola complétement la France. On considéra à l'intérieur le grand roi comme un tyran; à l'extérieur, les puissances protestantes allemandes tournèrent contre la maison de Bourbon toutes les haines qu'avait excitées la maison d'Autriche. A l'extérieur comme à l'intérieur, les peuples furent les victimes de cette politique rétrograde et anti-nationale.

La seule maison de Stuart était l'appui de la politique du grand roi. La révolution de 1688 prive Louis XIV de ce dernier secours, et un véritable congrès européen réuni à Augsbourg prouve la décadence de notre influence. La coalition est véritablement européenne, il n'y manque que les Turcs, et encore ne peut-on les considérer, à cette époque, comme faisant partie du concert européen. L'empereur d'Allemagne, les rois d'Espagne et de Suède, les Provinces-Unies, les électeurs palatin et de Saxe, la Savoie, la Bavière, la plupart des princes d'Italie, le pape lui-même, peu touché de la révocation de l'édit de Nantes, qu'il blâma énergiquement, étaient entrés dans cette ligue menaçante, devant laquelle Louis XIV ne s'inclina pas et dont la France soutint le choc.

(1) Lavallée. *Hist. des Français*, tome III.

La guerre de 1688 à 1698 est le prix de tant de fautes; le traité de Riswyck, qui la termine, est le signal de notre décadence. Il laisse la France moins forte qu'après les traités de Westphalie, de plus, épuisée par une guerre de dix ans contre une coalition redoutable et par des souffrances intérieures immenses.

Tel était l'état de la France lorsque la grave question de la succession d'Espagne fut amenée par la mort de Charles II. La succession acceptée par Louis XIV renouvelait au profit de la France la colossale puissance de Charles-Quint, plus terrible encore pour l'Europe, si l'on tient compte de la continuité des États. La diplomatie française, sur ce terrain si éminemment français, fut plus habile que jamais. L'intérêt de la Savoie était d'être autrichienne, l'intérêt du Portugal était d'être anglais. Cependant, nos ambassadeurs réunirent à notre cause le Portugal et la Savoie. La France eut à lutter contre une ligue moins forte que celle de 1688; mais il fallait soutenir l'Espagne incapable de se soutenir par elle-même, la France était épuisée, les généraux trop amollis par le séjour de la cour, et les finances étaient au plus bas. Pour tant de raisons, le congrès qui s'ouvrit à Utrecht fut pour la France ce que le traité de Westphalie avait été pour l'Autriche.

Cependant de ce nouvel état de l'Europe ressortait un avantage bien grand pour la France, la création de la Prusse comme royaume, espèce de noyau autour duquel viendrait se grouper l'Allemagne protestante. S'il y eut là une chance de plus pour la nationalité allemande, ce ne fut pas parce que les vœux des peuples furent écoutés, mais par suite de l'ambition personnelle de l'électeur de Brandebourg, dont personne ne songeait à voir le lointain avenir. Le véritable malheur pour la France fut dans la prépondérance de l'Angleterre, qui influa sur les traités d'Utrecht presque autant que la France sur les traités de Westphalie. La Prusse et l'Angleterre moderne sont sorties des traités d'Utrecht, et la puissante maison de Savoie, dont la destinée devait être de réunir un jour toute l'Italie, fut aussi agrandie par les traités dont la France était la victime.

Cependant la France gagnait la division de l'Allemagne par la naissance de la Prusse, son alliée naturelle, et par la régénération de l'Espagne, mise à jamais dans les voies de la France. Le peuple italien fut la victime des traités d'Utrecht. On ne voulut pas que l'empereur Charles VI d'Allemagne pût réunir, comme Charles-Quint, les couronnes d'Autriche et d'Espagne, et on lui livra l'Italie. Voilà donc encore les peuples partagés, dépécés en quelque sorte suivant le plus ou moins bon plaisir des princes. L'heure de la liberté n'avait pas encore sonné ; à l'exception du traité de Vienne, où la France sut, par son habile diplomatie, mettre une partie de l'Italie sous l'influence française, en faisant passer un Bourbon sur le trône de Naples, l'influence française alla toujours en décroissant sous le règne honteux de Louis XV.

IV

NAPOLÉON Ier ET LES TRAITÉS DE 1815.

Ce fut l'Angleterre qui profita de l'abaissement de la France. Son gouvernement aristocratique, un des plus durs de l'Europe à l'intérieur, put prendre en mains, à l'extérieur, les causes des rois ou des peuples, suivant que les unes ou les autres devaient être avantageuses à sa grandeur.

Depuis la paix d'Aix-la-Chapelle, où l'oligarchie britannique consacra la ruine de la marine française, sa politique constante fut de jeter la France dans une guerre continentale pour être libre de ruiner sa marine et ses colonies. La guerre de Sept-Ans fut le premier exemple de la facilité avec laquelle le gouvernement de France se prêta à cette politique. La perte du Canada, l'influence de la France perdue à jamais dans l'Inde furent le prix du honteux traité de Paris, 1763. Une guerre éminemment nationale, entreprise par Louis XVI, dans un but opposé au fatal penchant des guerres continentales, se termina par un traité peu avantageux, si l'on n'en considère que les résultats, mais qui eut un effet moral de nature à inquiéter l'Angleterre. La France avait affaibli la Grande-Bretagne, reconquis la liberté des mers, repris de l'ascendant en Europe, joué un glorieux rôle de protection en face des États-Unis, de la Hollande et de l'Espagne.

La révolution française fut une occasion pour l'Angleterre de prendre sa revanche. Profitant de l'expansion qui suit la plupart des grandes crises politiques dans notre pays, la France se jeta d'elle-même dans une effroyable guerre continentale, guerre défensive, si on tient compte des insolents défis portés à la nation française par le duc de Brunswick, guerre entièrement offensive, si l'on envisage la propagande que les armées de la République faisaient chez les autres peuples de l'Europe ; l'or de l'Angleterre solda toutes les armées du continent, et ce fut véritablement un duel à outrance que cette guerre de vingt-cinq ans, coupée par tant de traités, par tant de remaniements territoriaux. — L'Europe fut le champ de bataille des deux colosses, comme autrefois la Grèce entière fut le champ de bataille d'Athènes et de Sparte, comme autrefois l'Italie et l'Afrique servirent d'arène aux armées de Rome et de Carthage. Aussi, lorsque l'Angleterre vit la révolution française se personnifier dans un seul individu, qu'elle vit un génie incomparable asseoir sur des bases qu'on pouvait croire inébranlables, tout ce que les rois avaient qualifié de rêveries insensées, tourna-t-elle contre Napoléon toute sa haine et toute l'énergie de sa défense. Aussi l'empereur vit-il dans l'Angleterre l'ennemie acharnée de la France, et après l'avoir menacée d'une ruine complète, la poursuivit-il dans toutes les parties du continent, répondant à la haine par la haine. On le voit : on ne pouvait ainsi seconder les aspirations des peuples. L'empereur, contraint par son système de défense de disposer d'eux d'une manière arbitraire, ne pouvait se concilier leur affection, bien que, par sentiment, il fût leur ami, et que, par son autorité, il eût le pouvoir de leur faire faire de véritables progrès dans la voie de la liberté.

Il mit des lieutenants français en Italie, à Naples, en Hollande, en Allemagne, en Espagne, moins pour doter sa famille et asseoir sa dynastie, comme quelques esprits étroits l'ont cru, que pour plier l'Europe à la nécessité de sa grande lutte. L'Angleterre soldait les souverains, les ministres, les armées ; l'empereur y répondait en disposant des peuples et en les soustrayant, d'abord à leur souverain, et par suite à l'influence anglaise. Toutefois, l'empereur n'oublia jamais dans ce partage les véritables intérêts des nationalités, qu'il concilia, autant qu'il put, avec son droit de légitime défense. — Les traités défensifs contractés à Chaumont entre les puissances alliées, lorsque la fortune et la France manquèrent à Napoléon, semblaient faire espérer que la guerre entreprise par la coalition tournerait au profit des peuples et des nationalités. Il n'en fut rien et il n'en devait être rien, si on pense à tous les intérêts monarchiques et absolus lésés dans la longue période de guerre de propagande commencée par la révolution française. — Nous ne ferons pas plus l'histoire des armées de Napoléon que nous n'avons fait celle des armées de Louis XIV, et nous nous transporterons à Vienne, au milieu de ce congrès dont les déclarations tendaient à une union générale, mais dont tous les membres apportaient une avidité, un désir de réaction qui devaient faire, par les traités de 1815, une Europe troublée, maladive, dont chaque mouvement, au lieu d'être régulier, devait être une convulsion.

« Après avoir justement blâmé les excès de Napoléon, la coalition européenne les égalait. Après les divers partages de la Pologne, après les sécularisations germaniques, qui avaient tant agrandi les puissances du continent, après l'invasion de toutes les colonies, qui avaient si démesurément étendu la domination maritime de l'Angleterre, ramener la France seule aux proportions qu'elle avait à la fin du dix-huitième siècle, n'était ni juste, ni équitable (1). »

Les petits princes allemands, les villes libres, les biens de l'Ordre Teutonique, de l'Ordre de Malte, les principautés ecclésiastiques, furent engloutis pour constituer le territoire des vainqueurs. L'Autriche s'appropriait l'Italie et la Prusse, la Saxe. La trahison de Bernadotte était récompensée par la destruction du royaume danois, si noblement fidèle à la question de la liberté des mers. La Russie s'appropriait la Pologne sans que rien eût été fait pour prouver qu'en Autriche, en Prusse, en Russie, on se fût inquiété des sympathies de races et des nationalités.

(1) THIERS. *Hist. du Consulat et de l'Empire.*

Les traités de Vienne furent donc pour la France une limitation sans être une protection pour aucun des intérêts de la civilisation.

Enfin, nous terminerons en disant que la France subit les traités de 1815. — « Ils furent le résultat d'une politique que les jalousies de l'Europe et les imprudences de la France peuvent toujours faire renaître et qu'il est désirables, pour toutes deux, de faire disparaître à jamais ; car, pour l'Europe, elle a le grave inconvénient de lui faire négliger tous ses intérêts pour un seul, celui de nous contenir, de la constituer, en quelque sorte, l'adversaire de l'esprit humain, la protectrice des abus du passé, souvent la patronne de mauvais gouvernement et, par dessus tout, de donner à la démagogie la redoutable alliance de la France ; politique qui n'est pas moins funeste pour la France elle-même, qu'elle isole entièrement, qu'elle condamne à être en contradiction permanente avec l'Europe, à voir ses desseins les plus légitimes repoussés parce qu'ils viennent d'elle, à n'avoir d'alliés ni dans la guerre, ni dans la paix, à se faire la triste complice de la démagogie, à être l'effroi du monde, dont elle pourrait être l'amour ; politique dont il serait coupable et insensé à elle de provoquer le retour, en alarmant l'Europe et en la réduisant à chercher son salut dans l'union de toutes les nations contre nous (1). »

(1) *Hist. du Consulat et de l'Empire*, tome XVII.

V

L'EUROPE ET LES RÉVOLUTIONS FRANÇAISES.

A peine les traités de 1815 furent-ils signés et eurent-ils consacré un nouveau droit public, que l'Europe tout entière remua pour en secouer le joug ; car ces traités ne furent heureux pour personne. L'Italie, sans cesse comprimée par les Bourbons de Naples, les Autrichiens du Nord, par les réactions romaines, demanda maintes fois aux armes une issue à sa situation. Les Pays-Bas se divisèrent, les Allemands demandèrent des constitutions, et la France se vit tantôt appelée à soutenir les réactions, tantôt destinée, au contraire, à favoriser l'esprit des peuples, et leurs tendances vers la civilisation. De là des Congrès nouveaux, des conventions, des traités, des protocoles. L'Angleterre n'a plus de prétexte pour faire la guerre à la France ; elle est maîtresse incontestée des mers ; mais elle qui a tout fait en 1815 pour écraser les tendances révolutionnaires, est obligée de suivre la France dans sa mission providentielle vers le progrès. Elle le fait avec cet égoïsme que nous lui connaissons, ne délivrant les peuples que pour les asservir, que pour les faire marcher directement ou indirectement dans la voie qu'elle prétend leur tracer.

Le plus célèbre des Congrès qui suivirent 1815 fut le Congrès de Vérone, où les plénipotentiaires des puissances victorieuses de la France, en 1815, renouvelèrent l'acte de la Sainte-Alliance, et après avoir resserré les liens qui entravaient l'Italie, précipitèrent les armées françaises sur l'Espagne afin d'y étouffer les semences de révolution que les Français eux-mêmes y avaient jetées sous Napoléon Ier.

Peu auparavant avait eu lieu le Congrès de Troppau ou de Laybach, où les différents partages de l'Allemagne, dus aux traités de 1815, furent définitivement enregistrés et d'où partirent toutes les répressions contre les tendances des peuples allemands à réclamer des constitutions promises par les souverains en 1813.

Mais, peu après le Congrès de Vérone, la France, tirée en sens contraire par une généreuse opposition intérieure, secondait à la fois les vues de la Russie et de l'Angleterre en arrachant violemment à la Turquie le royaume de Grèce. Soixante-deux bâtiments turcs succombaient à Navarin et livraient l'Empire ottoman à la merci des deux grandes nations rivales.

La Révolution de 1830 eut son contre-coup dans toutes les parties de l'Europe. La Pologne, entraînée dans la vaste domination du czar, et à qui avait manqué la réalisation des promesses, plus exaltées que sincères, de l'empereur Alexandre, la Pologne essayait de reconquérir son indépendance sous le triple étau formé par la Prusse, l'Autriche et la Russie.

L'Allemagne s'émut, mais les promesses seules de constitution furent renouvelées et sans résultat. L'Espagne et le Portugal se donnèrent des gouvernements représentatifs. L'Italie essaya de secouer le joug toujours plus pesant de l'Autriche; mais l'abandon visible de la France, fit échouer ses tentatives. La Suisse renversa les vieux gouvernements aristocratiques. La Belgique se sépara de la Hollande.

Depuis la Révolution de 1830, les révolutions françaises ont eu encore plus d'action sur les mouvements de l'Europe. Ainsi la révolution de 1848 est un signal en

Italie. A Milan, Venise, Rome, Naples, les insurrections éclatent et trouvent d'abord dans Pie IX, ensuite dans Charles-Albert, des soutiens contre l'oppression étangère. La Hongrie essaie de se séparer de l'Autriche qui lui refuse une constitution nouvelle autonome. L'Allemagne s'agite et cherche tantôt dans la Prusse, tantôt dans l'Autriche, un appui pour se constituer en corps de nation. Elle essaie une expansion de son commerce dans les eaux de la Baltique, et la question de succession danoise est un prétexte commode qui se reproduit pendant vingt ans sous toutes les formes à propos des duchés de Slesvig-Holstein et Lauenbourg. La France, sortie de la tutelle politique dans laquelle la tenaient les gouvernements de Nicolas en Russie et la reine Victoria dans la Grande-Bretagne, mais encore ébranlée par ses révolutions intérieures, ne peut que faire entendre une voix amie du haut de sa tribune parlementaire. La Hongrie est écrasée par les puissances russe et autrichienne. L'Italie est domptée deux fois par les armées de Radetsky. Pour la troisième fois depuis 1815, l'Europe semblait replongée dans le provisoire. Son état maladif semblait passé à l'état normal, et l'Angleterre ne paraissait la réveiller que pour l'étreindre chaque fois plus fortement, et l'enlacer de plus en plus dans les lieus de sa politique astucieuse et intéressée.

Substituer l'influence anglaise à l'influence russe à Constantinople; substituer l'influence anglaise à l'influence autrichienne, non-seulement dans les eaux de l'Adriatique, mais au sud de l'Italie; lutter avec la Russie dans l'extrême orient; s'approprier, au détriment de toutes les nations, le commerce exclusif du Japon et de la Chine, des Indes orientales et occidentales, tel devait être le but, tel devait être, hélas, le résultat de la politique de cette aristocratie anglaise, égoïste, intéressée, mais éminemment patriotique, qui aurait fini par faire passer l'Europe sous de véritables fourches caudines, si la France n'avait enfin retrouvé le calme d'un gouvernement fort et puissant, dont les grands traits de politique extérieure vont faire l'objet du chapitre suivant.

VI

NAPOLÉON ET LE CONGRÈS.

Nous ne suivrons pas l'ordre chronologique des faits. Mais nous ferons ressortir la politique vigoureuse et nationale du nouveau gouvernement dans la plupart des questions suscitées par les traités de 1815. La politique de la Restauration presque exclusivement attachée à la ligne politique de la Russie, la politique du gouvernement de Juillet sans cesse à la remorque de l'Angleterre, avaient successivement compromis les intérêts de la France et son honneur national, dans des contrées où le nom français avait toujours brillé du plus vif éclat.

C'est par la paix que le nouveau gouvernement s'annonce à l'Europe : « L'Empire, dit-il, c'est la paix. » Mais ce ne devait point être la honte. Le moyen pour la France de commander la paix, c'est de parler un langage modéré, mais ferme, conciliant, désintéressé, comme si elle devait toujours être plus grande par l'influence morale que par l'influence matérielle.

L'alliance de la Russie nous est précieuse ; il nous la faut conserver. Mais l'empereur Nicolas, fier des glorieux débuts de son règne, croit pouvoir ravir à la France la protection séculaire qu'elle a exercée sur les chrétiens d'Orient ; il croit pouvoir forcer la Turquie à une guerre désastreuse dans laquelle la chute de Constantinople est inévitable. Mais l'Angleterre, qui veut substituer l'influence anglaise à celle de la Russie dans l'Orient, qui tremble de voir le colosse du Nord maître de la Grèce et des Iles-Ioniennes, qui tremble de le voir s'avancer dans l'Asie, vers les Indes, l'Angleterre veille et s'associe à la France dans la protection de l'Empire ottoman. L'Autriche occupe les principautés danubiennes, comme pour mettre la main sur les débris qu'elle convoite dans la destruction de la Turquie. La Sardaigne se joint aux grandes puissances maritimes, dans le but de concourir ainsi à la grandeur de sa maison en Italie.

Seule, la France y vient avec le désir de consolider l'équilibre européen. Elle voit avec douleur tomber la flotte russe de la Mer-Noire ; mais elle peut hautement repousser l'accusation portée contre elle par des hommes inintelligents ou emportés par l'esprit de parti, de travailler à substituer l'influence anglaise à l'influence russe; car, aussitôt le but de la guerre atteint, elle fait la paix malgré l'Angleterre.

Elle a sauvé la Turquie, mais elle a sauvé la flotte russe de la Baltique : elle a sauvé la Turquie, mais elle lui impose des conventions qui doivent faire respecter l'influence latine oubliée depuis plus d'un siècle dans l'Orient.

La France y revient, peu d'années après, seule, encore en présence de l'égoïsme de l'Europe, seule au milieu des dangers incessants que les populations musulmanes font courir aux populations chrétiennes. Seule, elle obtient de l'Europe émue, mais impuissante, la mission de protéger le faible, et, enviée dans l'accomplissement de ses devoirs, elle sacrifie à la paix de l'Europe l'exercice de son glorieux mandat. Mais les Maronites peuvent voir encore flotter le drapeau de la France, dont l'escadre est là toute prête à venger une injure faite aux sujets chrétiens de la Porte.

En Italie, Pie IX, le premier des souverains italiens, pense à réaliser progressivement chez lui et à seconder dans la Péninsule ce qui est dans la mesure du temps, sans se laisser entraîner au delà. La révolution le déborde, et le contre-coup des événements de 1848 se fait ressentir à Rome.

Il faut, dans l'intérêt même des libertés, éviter que la restauration du siége pontifical ne soit une porte ouverte aux réactions autrichiennes. L'Autriche est déjà assez puissante en Italie; il faut seconder l'œuvre lente du développement des constitutions, arrêter en France et dans la péninsule le débordement des passions démagogiques qui n'ont abouti, jusque-là, qu'à appesantir encore le joug des réactions. Louis-Napoléon rétablit le pape sur le saint-siége, en l'aidant de toute la force de ses conseils dans la voie qu'il avait commencé à suivre, mais dont le résultat l'avait effrayé. Il lui faut alors lutter contre les injures de la démagogie et les méfiances des souverains, et il le fait avec autant d'énergie que de prudence, maintenant la paix et faisant en même temps respecter le drapeau de la France.

Plus tard, l'Autriche menace l'existence du Piémont, l'épée et le bouclier de l'Italie libérale. L'Empereur Napoléon III, fidèle à sa mission, partout où se trouvent engagés l'honneur et les intérêts de la France, aide de son épée le souverain de la Sardaigne et se montre dans la guerre ami véritable de la paix. Sans se laisser éblouir par une merveilleuse campagne de six semaines, il allége le poids qui accablait l'Italie, lui laissant la tâche à achever, « comme il convient à un peuple viril (1) », et le

(1) Zeller, *Études Historiques.*

traité de Zurich donne pour la première fois à l'Italie le sentiment de son indépendance.

Napoléon III, dont la voix amie peut être entendue, conseille à l'Italie une confédération dans laquelle les peuples du Midi n'auront point à vaincre leur antipathie pour les peuples du Nord (1), dans laquelle le pape conservera une suprématie plus honorifique que réelle, mais convenant mieux à la dignité du souverain-pontife, dans laquelle enfin les peuples n'auront point immédiatement les lourdes charges d'un gouvernement naissant et environné d'ennemis. Cependant ses conseils sont méconnus; l'Angleterre, qui n'a rien fait, prêche l'unité de l'Italie et entretient la méfiance. Grâce à elle, l'Autriche conserve son attitude; l'Italie voit sans cesse s'accroître dans son sein le désir de repousser les Français de Rome et les Autrichiens de Venise, confondant ainsi dans leur ingratitude les oppresseurs et les libérateurs. Cependant la tâche de Napoléon III est remplie; il maintient le drapeau français à Rome, défend les intérêts de la France en lui donnant les passages des Alpes, et voit cependant sa modération et sa fidélité inébranlables dans le principe de non-intervention taxés de mauvaise foi, d'injustice ou d'imprévoyance.

Cependant la Pologne s'insurge et la Russie veut la faire rentrer dans les limites de l'obéissance. Il faut agir et ne pas compromettre les tendances libérales que le czar favorise dans l'Empire russe. Il faut agir dans l'intérêt des peuples et ne pas livrer aux chances d'une guerre, les progrès lents, mais sûrs, dus au développement régu-

(1) Tant que l'Italie n'a été livrée qu'à elle-même ou que l'influence de l'Allemagne ou de la France n'a été qu'auxiliaire et n'a pas tout maîtrisé, l'Italie s'est divisée en trois masses géographiques et politiques distinctes et naturelles. (*Mémorial de Sainte-Hélène.* — Topographie de l'Italie dictée par Napoléon Ier.)

lier de la civilisation. L'Angleterre, après avoir travaillé à lancer le gouvernement français dans une nouvelle guerre contre la Russie, en le berçant de son concours et de celui de l'Autriche, l'abandonne en le voyant poursuivre avec énergie les réclamations diplomatiques entamées au nom du droit public des nations. Quel autre intérêt pouvait avoir l'Angleterre que de nous jeter dans une guerre continentale ?

L'Angleterre n'a pas pardonné à la France de n'avoir point anéanti la marine russe de la Baltique dans la guerre de 1856, et de s'être arrêtée lorsque l'honneur et les intérêts de la France étaient satisfaits ?

L'Angleterre n'a pas pardonné à Napoléon III son intervention en Italie faite au nom des intérêts de la France et des nationalités opprimées, et sa modération après la victoire qui, en évitant une guerre générale, était un gage de la paix en Europe.

L'Angleterre n'a pas pardonné à Napoléon III son Exposition universelle, lutte féconde et pacifique, généreuse et digne de notre siècle entre les intelligences et les intérêts de tous les pays.

Mais le gouvernement de Napoléon III a su modérer le sentiment véritablement national qui s'irrite de cette jalousie injuste. Il a compris que la France et l'Angleterre sont les deux plus solides et les deux plus puissantes nations du globe. Il a compris qu'en dépit de rivalités séculaires, le sentiment commun de la justice et de la liberté, sous des formes diverses, les contraint à marcher ensemble pour porter partout la liberté et le droit. « Ensemble elles dominent les Océans, et on peut espérer que le sentiment de solidarité qui unit les deux puissants peuples placés à la tête de la civilisation du monde, » (1) conjurera

(1) Zeller. 3e *Année historique.*

tout conflit ; on peut l'espérer, car la France a compris aussi que celle des deux puissances maritimes qui saura faire à l'intimité de « leur commune alliance le plus de sacrifices compatibles avec son honneur et sa puissance, sera la première des nations du globe (1). »

Sur les rives de Chine et de Cochinchine, dans les mers du Japon, les vaisseaux français concourent avec les vaisseaux anglais à accroître le cercle du commerce européen.

A Madagascar, l'influence anglo-française tend à ranger cette grande et productive contrée parmi les continents ouverts au commerce des puissances maritimes.

Au Mexique, une expédition commencée comme celles de Chine et de Cochinchine avec le concours des armées anglaise et espagnole, s'achève sous l'influence française seule; près de l'Isthme de Panama, comme en Égypte, près de l'Isthme de Suez, les intérêts véritables de la civilisation, seront fidèlement gardés.

En Algérie, un pouvoir à la fois ferme et conciliant, fait aimer le nom de la France, et en tous cas sait le faire respecter sur les rivages africains comme sur les côtes de l'Asie.

Il faut espérer que le sentiment national de la France soutiendra ces résultats si rapidement et si glorieusement acquis. Il saura faire justice d'excitations insensées, pour sauvegarder la paix en Europe, et comprendre que ce ne sont ni des sacrifices perdus, ni des illusions trompeuses, que de voir le drapeau français flotter à côté de celui de l'Angleterre, dans les Océans Atlantique et Pacifique, sur ces rivages découverts par la France, améliorés par la France, civilisés par la France, et où le

(1) Zeller. 3e *Année historique.*

nom de la France reparaît seulement après un siècle, dans des conditions de gloire et de prospérité.

Tel est l'état du monde, au moment où la proposition d'un Congrès, véritables états-généraux du monde, est due à la généreuse initiative du souverain qui a élevé si haut le nom de la France. Sa voix y sera à la fois puissante et modérée. Elle y sera écoutée : car « le premier souverain qui, au milieu de la mêlée, embrassera de bonne foi la cause des peuples, se trouvera à la tête de toute l'Europe et pourra tenter tout ce qu'il voudra (1). »

« Alors, peut-être, à la faveur des lumières universellement répandues, lui sera-t-il permis de rêver pour la grande famille européenne, l'application du Congrès américain ou celle des amphyctions de la Grèce : et quelle perspective alors de force, de grandeur, de jouissances, de prospérités. Quel grand et magnifique spectacle (2) ! »

(1) *Mémorial de Sainte-Hélène*, liv. VII.
(2) Id. liv. VII.

FIN.

www.ingramcontent.com/pod-product-compliance
Ingram Content Group UK Ltd.
Pitfield, Milton Keynes, MK11 3LW, UK
UKHW020359250726
13967UKWH00005B/2383